ANALYSE SUCCINCTE

DES

ACTES DU GOUVERNEMENT PROVISOIRE

DE LA RÉPUBLIQUE FRANCAISE.

DEPUIS LE 24 FÉVRIER 1848 JUSQU'AU 4 MAI SUIVANT.

---

24 FÉVRIER. — Arrêté qui nomme M. Dupont (de l'Eure) président provisoire du conseil, sans portefeuille ; M. de Lamartine, ministre provisoire aux affaires étrangères ; M. Crémieux, ministre provisoire à la justice ; M. Ledru-Rollin, ministre provisoire à l'intérieur ; M. Michel Goudchaux, ministre provisoire aux finances ; M. François Arago, ministre provisoire à la marine ; M. le général Bedeau, ministre provisoire à la guerre ; M. Carnot, ministre provisoire à l'instruction publique ; M. Bethmont, ministre provisoire au commerce ; M. Marie, ministre provisoire aux travaux publics ; M. le général Cavaignac, gouverneur général de l'Algérie.

Par le même arrêté : La garde municipale est dissoute ; M. Garnier-Pagès est nommé maire de Paris ; MM. Guinart et Recurt sont nommés adjoints au maire de Paris ; M. Flottard est nommé secrétaire général ; tous les autres maires de Paris ainsi que les maires adjoints, sont provisoirement maintenus ; la préfecture de police est placée sous la dépendance du maire de Paris ; M. de Courtais est nommé commandant supérieur de la garde nationale.

— Arrêté qui dissout la chambre des députés, interdit à la chambre des pairs de se réunir, et porte qu'une assemblée nationale sera convoquée.

— Arrêté qui interdit aux membres de l'ex-chambre des pairs de se réunir.

— Arrêté qui nomme le colonel Dumoulin commandant supérieur du Louvre. M. Félix Bouvier lui est adjoint.

— Arrêté qui nomme M. Saint-Amand, commandant du palais des Tuileries.

25 FÉVRIER. — Proclamation aux citoyens de Paris.

— Proclamation à l'armée.

— Décret qui rend aux déposants les objets engagés au Mont-de-Piété depuis le 1er février, et dont le prêt ne dépassera pas 10 fr.

— Décret portant que les Tuileries serviront désormais d'asile aux invalides du travail.

— Arrêté qui nomme : Le général Subervie, ministre de la guerre; le général Bedeau, commandant la première division militaire; M. Étienne Arago, directeur provisoire des postes; M. Guinard, chef d'état-major de la garde nationale de Paris; M. Buchez, adjoint au maire de Paris; M. Recurt, délégué du maire de Paris près la préfecture; le général Duvivier, commandant général de la garde nationale mobile.

— Décret qui délie de leur serment les fonctionnaires de l'ordre civil, militaire, judiciaire et administratif.

— Décret qui réorganise de droit les gardes nationales dissoutes par le précédent gouvernement.

— Décret relatif au recrutement de vingt-quatre bataillons de garde nationale mobile, et fixe la solde à 1 fr. 50 cent. par jour, outre l'habillement et l'armement faits aux frais de l'État.

— Décret qui met en liberté tous les détenus politiques.

— Décret qui rend aux ouvriers le million qui va échoir de la liste civile.

— Décret par lequel les enfants des citoyens morts en combattant sont adoptés par la patrie.

— Arrêté qui requiert les boulangers de Paris de mettre à la disposition des chefs de poste de la garde nationale jusqu'à concurrence d'un cinquième de leur fabrication.

— Arrêté portant que les chefs de postes prendront les mesures nécessaires pour procurer des vivres aux citoyens selon leurs besoins, au moyen de bons dont le prix sera remboursé à l'Hôtel-de-Ville.

— Arrêté du ministre de la justice qui révoque de leurs fonctions MM. Delangle, de Peyramont, de Golbéry, Parès, Corbin, Blanchet, Preux, Didelot, Lepeytre, procureurs généraux près les Cours d'appel de Paris, Angers, Besançon, Colmar, Orléans, Grenoble, Douai, Bourges, Caen.

— Arrêté du Gouvernement provisoire qui nomme procureurs généraux : A la Cour d'appel de Paris, M. Auguste Portalis; à la Cour d'appel de Douai, M. Corne; à la Cour d'appel de Grenoble, M. Saint-Romme; conseiller à la Cour d'appel de Paris, M. Piéron.

— Arrêté qui licencie la garde municipale.

— Arrêté qui nomme M. Edouard Charton secrétaire général du département de l'instruction publique et des cultes.

26 FÉVRIER. — Proclamation du Gouvernement provisoire.

— Décret portant établissement immédiat d'ateliers nationaux.

— Déclaration portant que la peine de mort est abolie en matière politique, et que ce vœu sera présenté à la ratification définitive de l'Assemblée nationale.

— Déclaration portant que les couleurs du drapeau national sont rétablies dans l'ordre qu'avait adopté la République française, et que sur ce drapeau seront inscrits ces mots : *Liberté, Egalité, Fraternité*.

— Décret qui proroge de dix jours l'échéance des effets de commerce depuis le 22 février jusqu'au 15 mars.

— Avis du maire de Paris qui place sous la sauve-garde du peuple les édifices nationaux, et rappelle que les résidences qui ont appartenu à la royauté déchue appartiennent désormais à la nation.

— Avis de la municipalité de Paris relatif au paiement des droits d'octroi.

— Arrêté du Gouvernement provisoire qui décharge de ses fonctions le citoyen Dumoulin, commandant provisoire du Louvre.

— Publication des dispositions relatives à la formation et à l'organisation de la garde nationale mobile.

— L'amiral Baudin est nommé au commandement des forces navales de la Méditerranée.

— M. Landrin, avocat, est nommé commissaire du Gouvernement près le tribunal de première instance de la Seine.

27 FÉVRIER. — Déclaration du Gouvernement provisoire qui place sous la sauve-garde de la République les propriétés publiques et privées, les ponts, routes, chemins de fer, monuments.

— Proclamation du ministre des travaux publics aux ouvriers pour leur annoncer que les travaux en cours d'exécution seront immédiatement repris.

— Arrêté du Gouvernement provisoire qui organise des travaux d'urgence.

— Arrêté qui nomme M. de Cormenin membre du conseil d'Etat en service ordinaire.

— Arrêté qui nomme M. Achille Marrast procureur général à Pau.

— Arrêté du ministre des travaux publics portant que tous les travaux entrepris aux frais de l'Etat, à l'exception des travaux des forts, seront repris immédiatement.

— Arrêté du Gouvernement provisoire qui confie le commandement du Louvre à M. Servient, de l'Ecole polytechnique, désigné par ses camarades.

28 FÉVRIER. — Arrêté du Gouvernement provisoire portant qu'une commission permanente, qui s'appellera *Commission de gouvernement pour les travailleurs*, va être nommée avec mission expresse et spéciale de s'occuper de leur sort.

— Décret relatif aux améliorations à introduire dans le régime alimentaire des équipages des bâtiments de la République.

— Arrêté du ministre de la marine qui nomme M. Marec directeur du personnel et des opérations maritimes.

— Arrêté du même qui nomme M. Mestro directeur des colonies

— Arrêté du même qui charge M. Blanchard de la division de la comptabilité et M. Morin de la division du contrôle central.

— Arrêté du même qui nomme M. Hennequin chef du cabinet du ministre.

— Arrêté du même qui nomme aides de camp du ministre de la marine M. Bosse, capitaine de corvette, et M. Pigeard, lieutenant de vaisseau.

— Arrêté du maire de Paris qui nomme M. Marc Caussidière son délégué provisoire à l'administration de la police du département de la Seine.

— Arrêté du Gouvernement provisoire qui nomme M. Cormenin vice-président du conseil d'Etat.

— Arrêtés du ministre de la justice relatifs à diverses nominations près les Cours d'appel et les tribunaux de première instance.

— Arrêtés du ministre de l'instruction publique relatifs à diverses nominations dans les Facultés.

— Arrêté du même portant que les ci-devant collèges royaux porteront désormais le nom de lycées.

29 FÉVRIER. — Arrêté qui porte que tous les impôts sans exception continueront à être payés comme par le passé, et invite les bons citoyens, au nom du patriotisme, à ne mettre aucun retard dans le paiement de leurs taxes.

— Décret qui abolit les titres de noblesse et interdit les qualifications qui s'y rattachent.

— Décret qui annulle toutes condamnations pour faits de presse et abolit les poursuites commencées.

— Le Gouvernement provisoire invite l'archevêque de Paris et les évêques à substituer à l'ancienne formule de prière les mots : *Domine salvam fac Rempublicam.*

— Arrêté qui met le palais du Luxembourg à la disposition de MM. Louis Blanc et Albert en qualité de président et de vice-président de la commission du Gouvernement pour les travailleurs.

— Arrêtés par lesquels M. le maréchal de camp Cavaignac est nommé gouverneur général de l'Algérie, et promu général de division.

— Arrêté qui nomme le colonel de cavalerie Brice général de brigade.

— Arrêté qui dissout le conseil municipal de la ville de Paris.

— Arrêté déclarant que quiconque sera surpris affichant ou distribuant des écrits sans nom d'imprimeur sera passible des peines les plus sévères.

— Arrêté qui affecte le logement de l'ex-chancelier au Petit-Luxembourg, à M. Dupont (de l'Eure), président du Gouvernement provisoire.

— Arrêté qui nomme M. Armand Barbès gouverneur du palais du Luxembourg.

— Décret qui rétablit dans l'armée le titre de général de division et celui de général de brigade.

— Arrêté du ministre de l'instruction publique qui adjoint aux deux hautes commissions des études scientifiques et littéraires une haute commission des études scientifiques et littéraires.

— Arrêté du même portant diverses nominations dans les Facultés.

1er MARS. — Décret portant que les fonctionnaires de l'ordre administratif et judiciaire ne prêteront pas serment.

— Proclamation du Gouvernement provisoire aux ouvriers pour leur annoncer l'entrée en fonctions de la commission du Gouvernement pour les travailleurs, et les inviter à reprendre leurs travaux.

— Arrêté qui charge M. Armand Marrast de l'administration de tous les biens meubles et immeubles qui composaient l'ancienne liste civile et de ceux sous séquestre appartenant, soit au domaine privé, soit aux princes et princesses de l'ancienne famille royale, et porte qu'il s'installera immédiatement à l'hôtel de l'ancienne intendance.

— Arrêté par lequel M. Pagnerre est nommé secrétaire général du Gouvernement provisoire.

2 MARS. — Décret qui porte que les affaires d'administration courante qui, dans l'état actuel de la législation, ne pouvaient être réglées qu'au moyen d'ordonnances royales, seront valablement décidées par le ministre du département auquel ces affaires ressortissent.

— Arrêté qui suspend l'impôt du timbre sur les journaux et écrits périodiques dix jours avant la convocation des assemblées électorales.

— Décret par lequel la journée du travail est réduite à Paris de onze heures à dix, et dans les départements de douze à onze, et en outre est abolie l'exploitation des ouvriers par des sous-entrepreneurs ou *marchandage*.

— Décret relatif aux funérailles des citoyens morts pour la République, et portant que les morts seront déposés dans les caveaux de la colonne de Juillet et réunis aux cendres des combattants de 1830.

— Proclamation aux colons de l'Algérie.

— Proclamation à l'armée d'Afrique.

— Arrêtés du Gouvernement provisoire par lesquels sont nommés : président de la Cour d'appel d'Orléans, M. Abbatucci ; président de chambre à la Cour d'appel d'Orléans, M. Durand (de Romorantin).

3 MARS. — Arrêté du ministre des finances portant que le paiement du semestre des rentes 5 pour 100, 4 1/2 pour 100 et 4 pour 100,

échéant le 22 mars courant, s'effectuera à Paris à dater du 6 et dans les départements à dater du 15 mars.

— Décret du Gouvernement provisoire relatif à l'établissement d'un comptoir d'escompte sous le titre de *Dotation du petit commerce*, et à la suppression de l'impôt du timbre sur les écrits périodiques.

— Décret qui fixe la durée du travail effectif, dans Paris et la banlieue, à dix heures pour toutes les professions.

4 MARS. — Décret qui fixe la convocation des assemblées électorales au 9 avril, et la réunion de l'Assemblée constituante au 20 avril.

— Décret qui établit une commission des récompenses nationales, et nomme M. Albert président de cette commission, qui siégera à la mairie.

— Décret qui institue auprès du ministre de la marine et des colonies une commission pour proposer dans le plus bref délai l'acte d'émancipation immédiate des esclaves dans toutes les colonies de la République.

5 MARS. — Décret qui convoque les assemblées électorales et détermine le mode d'élection.

Ce décret fixe à 900 le nombre total des représentants du peuple ; le suffrage sera direct et universel ; sont électeurs tous les Français âgés de 21 ans, et éligibles tous les Français âgés de 25 ans ; chaque représentant du peuple recevra une indemnité de 25 francs par jour pendant la durée de la session.

— Arrêté qui nomme une commission de liquidation pour les biens meubles et immeubles de l'ancienne liste civile et du domaine privé.

6 MARS. — Décret qui abolit la loi du 9 septembre 1835, et porte qu'en matière de presse la condamnation aura lieu à la majorité de 9 voix.

— Arrêté par lequel M. Garnier-Pagès, maire de Paris, est nommé ministre des finances, en remplacement de M. Goudchaux, qui se retire.

— Arrêté portant établissement d'un bureau central pour l'organisation des ateliers nationaux du département de la Seine.

7 MARS. — Décret portant création, dans toutes les villes industrielles et commerciales, d'un comptoir national d'escompte, destiné à répandre le crédit et à l'étendre dans toutes les branches de production.

— Arrêté portant qu'il est créé à Paris, au capital de 20 millions, un comptoir national d'escompte destiné à donner des moyens de crédit au commerce et à l'industrie.

— Décret qui fixe à 5 pour 100 l'intérêt de l'argent versé dans les caisses d'épargnes.

— Décret qui porte que les indemnités qui pourraient être réclamées par les citoyens à la suite des malheurs particuliers qu'ils auraient éprouvés dans les journées de février, seront réglées par une commission spéciale nommée par le maire de Paris.

— Arrêté portant que le pavillon, ainsi que le drapeau national sont rétablis tels qu'ils ont été fixés en l'an 2 par la Convention, sur les dessins du peintre David ; savoir : le bleu attaché à la hampe, le blanc au milieu, le rouge flottant à l'extrémité.

— Arrêté par lequel l'île Bourbon reprend son nom républicain d'île de La Réunion.

8 MARS. — Décret qui établit dans chaque mairie de Paris un bureau gratuit de renseignements où il sera dressé des tableaux statistiques de l'offre et de la demande du travail.

— Arrêté qui établit, sur les bases analogues à celles de l'Ecole polytechnique, une Ecole d'administration, destinée au recrutement des diverses branches d'administration, dépourvues jusqu'à présent d'écoles préparatoires.

— Décret qui abroge le dernier paragraphe de l'article 696 du Code de procédure civile, rectifié par la loi du 2 juin 1846, relatif à l'insertion des annonces judiciaires.

— Décret qui fixe au 18 mars courant les élections des officiers et sous-officiers de la garde nationale de Paris et de la banlieue.

— Arrêté qui porte que les citoyens inscrits comme gardes nationaux seront habillés dans le plus bref délai.

— Proclamation du Gouvernement provisoire qui fait appel au patriotisme des citoyens et les invite à verser par anticipation, dans les caisses du Trésor, ce qui leur reste à payer sur leurs contributions de l'année, ou au moins les six premiers douzièmes.

— Décret portant qu'aucun sondage, aucun travail souterrain ne pourra être pratiqué sans l'autorisation du préfet du département, dans un périmètre de mille mètres au moins de rayon autour de chacune des sources d'eaux minérales dont l'exploitation aura été régulièrement autorisée.

— Arrêté de l'administrateur national de l'ancienne liste civile qui met le Palais-National à la disposition du ministre de la guerre, pour y établir l'état-major et un bataillon de la garde nationale mobile.

— Arrêté du ministre de la marine portant qu'il sera formé à Toulon un conseil de guerre maritime pour juger M. le capitaine de vaisseau Aubry-Bailleul, sur le fait de la perte de la corvette à vapeur *le Cuvier.*

— Création d'un conseil de défense de la République française, sous la présidence du ministre de la guerre.

— Révocation de leurs fonctions de divers ambassadeurs et agents diplomatiques.

9 MARS. — Instruction du Gouvernement provisoire pour l'exécution du décret du 5 mars 1848, relatif aux élections générales.

— Rapport fait au Gouvernement provisoire sur la situation financière de la République, par le membre du Gouvernement provisoire, ministre des finances.

— Décret relatif au remboursement des livrets des caisses d'épargne.

— Décret qui autorise le ministre des finances à aliéner les diamants de la couronne au prix qui aura été fixé par les experts assermentés et à faire convertir immédiatement en monnaie, au type de la République, l'argenterie et les lingots provenant des Tuileries, du château de Neuilly et de toutes les résidences attribuées, par la loi de 1832, sur la liste civile, à la royauté déchue. Les objets d'art sont exceptés de cette mesure.

— Décret qui autorise le ministre des finanees, s'il le juge nécessaire, à aliéner les bois, forêts, terres, corps de ferme, etc., qui composent les biens de l'ancienne liste civile, et règle les conditions de cette aliénation.

— Décret qui autorise le ministre des finances à faire rechercher dans les bois de l'Etat les lots qui pourraient être utilement vendus aux particuliers, et prononcer cette aliénation, s'il le juge indispensable, jusqu'à concurrence d'une somme de 100 millions.

— Décret portant que la somme de 100 millions qui reste encore à émettre sur le montant de l'emprunt décrété par la loi du 8 août 1847, sera immédiatement émise par les soins du ministre des finances. Cet emprunt portera le titre d'*Emprunt national*.

— Arrêté qui nomme M. Armand Marrast maire de Paris, en remplacement de M. Garnier-Pagès, nommé ministre des finances.

— Arrêté par lequel M. Pagnerre, secrétaire général du Gouvernement provisoire, est nommé directeur du comptoir national d'escompte, délégué du Gouvernement provisoire. M. Pagnerre a accepté les fonctions de directeur du comptoir national d'escompte, délégué du Gouvernement provisoire, à la condition que ces fonctions seraient gratuites.

— Arrêté du ministre des finances qui nomme le conseil d'administration du comptoir national d'escompte.

— Décret portant que, dans tous les cas où la loi autorise la contrainte par corps, comme moyen pour le créancier d'obtenir le paiement d'une dette pécuniaire, cette mesure cessera d'être appliquée jusqu'à ce que l'Assemblée nationale ait définitivement statué sur la contrainte par corps.

— Décret qui institue une commission de défense nationale, présidée par M. Arago, membre du Gouvernement provisoire.

— Arrêté du ministre de l'instruction publique portant qu'aucune souscription ni distribution de livres, faite par le ministère de l'instruction publique, n'aura lieu avant que les listes aient été révisées par une commission qui sera nommée à cet effet.

10 MARS.—Décret portant que les extraits de naissance qui seraient nécessaires pour établir l'âge des électeurs et pour l'exercice du droit électoral, seront délivrés gratuitement à chaque citoyen qui les réclamera.

Ces extraits, ne pouvant servir que pour cet objet, seront remis et resteront déposés à la mairie de la commune; ils seront marqués d'un cachet portant ces mots : *Election de l'Assemblée nationale.*

— Arrêté portant que les citoyens détenus par suite de condamnations prononcées contre eux pour faits relatifs au libre exercice du culte, seront immédiatement rendus à la liberté, s'ils ne sont retenus pour d'autres causes.

Toute poursuite commencée est abolie. Remise est faite des amendes prononcées et non encore acquittées.

— Arrêté qui accorde amnistie pleine et entière aux hommes qui étaient détenus le 24 février dans les prisons militaires ; des ordres seront donnés pour que ces hommes soient immédiatement réintégrés dans l'armée.

Seront recherchés immédiatement et réincarcérés les trente-cinq militaires qui étaient détenus pour des crimes ou délits communs. Ces hommes pourront être compris ultérieurement dans un travail de grâce, s'ils s'en rendent dignes par leur conduite.

— Arrêté qui règle les formes d'exécution de l'emprunt national de 100 millions.

— Nominations diverses près les Cours d'appel et les tribunaux de première instance. Nominations de juges de paix.

11 MARS. — Arrêté portant qu'il sera formé immédiatement une légion polonaise qui sera sous les ordre du ministre de la guerre.

— Nominations diverses près les Cours d'appel et les tribunaux de première instance.

— Circulaire du ministre de l'intérieur aux commissaires du Gouvernement provisoire.

12 MARS. — Décret qui abolit les peines de la bouline, de la cale et des coups de corde, et les remplace par un emprisonnement au cachot de quatre jours à un mois.

— Décret portant que tous les détenus pour dettes civiles ou commerciales seront immédiatement mis en liberté, en vertu du décret rendu le 9 mars par le Gouvernement provisoire.

— Décret portant dissolution du conseil général du département de la Seine.

— Décret qui réduit de 30 à 25 le nombre des conseillers d'Etat en service ordinaire.

MM. Jacqueminot de Ham, Félix Réal, d'Haubersart, Mottet, Tupinier, Liadières, cessent de faire partie du conseil d'Etat comme conseillers d'Etat en service ordinaire.

M. Boulatinier, maître des requêtes en service ordinaire, et M. Vieillard, ancien député, sont nommés conseillers d'Etat en service ordinaire.

Cessent de faire partie du conseil d'Etat comme maîtres des requêtes en service ordinaire, MM. Lelorgne d'Ideville, Debonnaire de Gif, Achille Guilhem, Rudon de Beaupréau, Laffon-Labedat.

M. Davorne, avocat aux conseils et à la Cour de cassation, et

M. Turmet, ancien magistrat, sont nommés maîtres des requêtes en service ordinaire.

— Arrêté du ministre des travaux publics, qui révoque de ses fonctions M. Vatout, président du conseil des bâtiments civils.

— Nominations diverses près les Cours d'appel.

— Nomination du président et des juges du tribunal de commerce d'Alger.

13 MARS. — Décret portant que nul ne pourra désormais jouir simultanément d'un traitement d'activité et d'une pension de retraite, servis l'un et l'autre soit par les fonds de l'Etat ou des communes, soit par les fonds de retenue.

Le cumul continuera à avoir lieu, dans tous les cas, jusqu'à concurrence de 700 francs.

— Nominations diverses près les tribunaux de première instance.

— Instruction pour l'exécution en Algérie du décret du 5 mars, relatif aux élections générales.

— Arrêté portant que tous les citoyens inscrits sur les contrôles de la garde nationale de Paris et de la banlieue sont appelés à procéder à partir du 18 mars 1848, à l'élection des colonels, lieutenants-colonels, chefs de bataillon, porte-drapeau, capitaines attachés à l'état-major général, officiers, sous-officiers et caporaux des légions, bataillons ou escadrons et compagnies auxquelles ils appartiennent.

Les compagnies actuellement existantes sous la dénomination de grenadiers ou de voltigeurs sont supprimées, et les citoyens qui les composent seront immédiatement inscrits sur le contrôle de la compagnie au territoire de laquelle ils appartiennent par leur domicile, quel que soit l'effectif de cette compagnie.

Le même arrêté contient d'autres dispositions relatives aux élections des colonels, lieutenants-colonels, etc., aux circonscriptions de compagnies, aux corps spéciaux de la banlieue, à la composition des conseils de discipline.

— Nominations dans l'artillerie de marine.

14 MARS. — Arrêté par lequel M. Vavin, ancien député de Paris, est nommé liquidateur général et chargé de l'administration provisoire des biens de l'ancienne liste civile et du domaine privé, etc.

Les fonctions de M. Vavin, sur sa demande formelle, seront gratuites.

— Arrêté relatif à diverses nominations judiciaires.

15 MARS. — Arrêté portant que les élections de la garde nationale du département de la Seine se feront à partir du 25 mars.

La clôture des listes supplémentaires est prorogée jusqu'au 23 à minuit.

Il sera formé huit compagnies par bataillon.

— Décret ainsi conçu :

« A partir du jour même de la publication du présent décret, les billets de la Banque de France seront reçus comme monnaie légale par les caisses publiques et par les particuliers.

« Jusqu'à nouvel ordre, la Banque est dispensée de l'obligation de rembourser ses billets avec des espèces.

« En aucun cas, le chiffre des émissions de la Banque et de ses comptoirs ne pourra dépasser trois cent cinquante millions.

« Pour faciliter la circulation, la Banque de France est autorisée à émettre des coupures qui, toutefois, ne pourront être inférieures à cent francs.

« Les dispositions du présent décret s'appliquent à tous les comptoirs que la Banque a établis dans les départements.

« La Banque de France publiera tous les huit jours sa situation dans le *Moniteur*. »

— Rapport du ministre des affaires étrangères au Gouvernement provisoire sur les titres à donner aux agents diplomatiques de la République.

Le ministre expose que la République française n'a pas besoin, par ses relations avec les puissances étrangères, du prestige des titres et du luxe de la représentation ; un petit nombre de titres uniformes, significatifs des quatre ordres de fonctions de nos agents au dehors, voilà pour la caractérisation de notre diplomatie. Des traitements suffisants, mais bornés aux nécessités et aux convenances, voilà pour l'économie. La République ne veut point de services gratuits ; elle veut être représentée au dehors par tous les citoyens dignes de la personnifier et capables de la servir, sans exception de rang, de profession ou de fortune.

En conséquence, le titre d'ambassadeur est supprimé, sauf les cas exceptionnels où il conviendrait à la République de donner à son représentant un caractère plus général et plus solennel, comme, par exemple, pour la signature d'un traité européen, ou pour représenter la République dans un congrès.

Les agents extérieurs de la République seront désormais : 1° les envoyés extraordinaires, ministres plénipotentiaires de la République ; 2° les chargés d'affaires ; 3° les secrétaires de légation ; 4° enfin les aspirants diplomatiques, qui remplaceront les attachés payés et les attachés indemnisés actuels.

« Cette classe de jeunes élèves diplomates, dit le ministre en terminant son rapport, recevra un traitement d'encouragément de l'Etat, pour aider seulement les familles qui destinent leurs fils à la diplomatie et pour donner à tous les emplois diplomatiques une accessibilité véritable à la démocratie républicaine que nous fondons sur l'égalité. »

— Dépêche du ministre de la marine et des colonies aux gouverneurs de La Martinique, de La Guadeloupe, de La Guyane française, de l'île de La Réunion, du Sénégal et dépendances.

Le ministre notifie aux gouverneurs la composition de la commission chargée de préparer l'acte d'abolition de l'esclavage.

— Arrêtés relatifs à diverses nominations près les Cours d'appel et les tribunaux de première instance.

— Note annonçant que les commissaires du Gouvernement n'ont pas reçu le pouvoir de révoquer les magistrats. Si les plus impérieuses nécessités d'ordre public semblent à un des commissaires commander la suspension, il s'adressera à M. le ministre de l'intérieur, qui en référera à M. le ministre de la justice, chargé de statuer.

— Arrêté du ministre de l'instruction publique qui institue un comité chargé de l'organisation des bibliothèques publiques.

16 MARS. — Rapport du ministre des finances au Gouvernement de la République.

A la suite de ce rapport, décret du Gouvernement provisoire, ainsi conçu :

Il sera perçu temporairement, et pour l'année 1848 seulement, 45 c. du total des rôles des quatre contributions directes de ladite année.

Les centimes portant sur la contribution foncière seront à la charge du propriétaire seul, nonobstant toute stipulation contraire dans les baux et conventions.

Le montant des centimes temporaires sera immédiatement exigible, sans qu'il soit besoin de nouveaux avertissements aux contribuables.

Les frais de perception de ces mêmes centimes sont fixés, pour les percepteurs, au quart du taux déterminé pour les contributions ordinaires ; il ne sera alloué aucuns frais aux receveurs généraux et particuliers.

— Deuxième rapport du ministre des finances, suivi d'un décret qui porte qu'à partir du jour de la promulgation du présent décret (17 mars) et jusqu'à la décision de l'Assemblée nationale, les détenteurs des *bons royaux*, créés antérieurement au 24 février 1848, pourront les échanger contre des coupons de l'*Emprunt national*, rente cinq pour cent au pair. Dans le cas où l'échange ne serait pas accepté, ces bons seront remboursés par le Trésor public, en espèces, dans les six mois du jour de leur échéance.

Les bons du Trésor émis contre espèces ou en renouvellement de bons échus par le département des finances, depuis l'établissement de la République, seront de plein droit remboursés en monnaie légale.

— Troisième rapport du ministre des finances, suivi d'un décret ainsi conçu :

Une somme de 60 millions est mise à la disposition du ministre des finances.

Cette somme de 60 millions sera répartie entre les divers comptoirs qui, aux termes et suivant les dispositions du décret du 9 mars 1848, seront successivement formés à Paris et dans les départemen!s, dans tous les grands centres agricoles, industriels et commerciaux.

La répartition sera basée sur la nature particulière et l'importance proportionnelle des besoins des localités.

— Arrêté du maire de Paris qui abolit les circonscriptions actuelles de compagnies dans toutes les légions de la garde nationale de la Seine.

Dans chaque arrondissement de Paris, il sera procédé par le maire, en conseil de recensement, à de nouvelles délimitations de manière à former, dans chaque bataillon, des compagnies d'un effectif à peu près égal ; le nombre des compagnies sera de huit au plus.

— Arrêté du ministre de l'agriculture et du commerce, par lequel la Société nationale et centrale d'agriculture est constituée en huit sections, comprises dans deux divisions principales.

Le nombre de ses membres sera porté de 40 à 52, répartis entre deux divisions et huit sections.

— Nomination, par le ministre de l'intérieur, d'une commission pour l'examen des questions qui se rattachent aux travaux faits et à faire au monument de Napoléon, aux Invalides.

Cette commission se compose de MM. Jeanron, directeur des musées ; David (d'Angers), sculpteur ; Barye, id. ; Drolling, peintre ; Charpentier, architecte ; Labrouste, id. ; Albert Lenoir, id. ; Gustave Planche, homme de lettres ; Delaunay, id. ; Maret, entrepreneur ; Labouré, id ; Girardière, vérificateur ; Rondelet, conservateur du dépôt des marbres.

— Arrêté du Gouvernement provisoire relatif à diverses nominations judiciaires.

— Arrêté du ministre de l'intérieur portant création d'une commission nationale des théâtres.

— Arrêté du maire de Paris, portant concession à MM. Duponchel et Roqueplan, directeurs du Théâtre de la Nation, d'un terrain pour établir aux Champs-Elysées un théâtre destiné à la représentation d'opéras et de ballets.

17 MARS. — Décret portant que la durée de la constitution actuelle de la banque de Bordeaux est prorogée jusqu'au 31 décembre 1849 inclus.

— Arrêté relatif à diverses nominations judiciaires.

18 MARS. — Arrêté du Gouvernement provisoire portant que les élections de la garde nationale pour Paris et la banlieue commenceront le 5 avril prochain.

Cet arrêté est motivé sur l'accroissement des gardes nationaux.

Suit un tableau, duquel il résulte que l'effectif des légions de Paris, qui, au 1er février dernier, était de 57,751 hommes, est aujourd'hui de 190,299. Le nombre des citoyens inscrits du 1er février au 18 mars courant est de 133,548.

— Arrêté du Gouvernement provisoire qui place dans les attributions du ministre de l'intérieur les musées du Louvre, du Luxembourg, de Versailles, et les galeries des anciennes résidences royales et palais du Gouvernement.

Les trois manufactures de Sèvres, des Gobelins et de Beauvais rentrent dans le département de l'agriculture et du commerce.

— Arrêté du Gouvernement provisoire en vertu duquel la ville de Bourbon-Vendée portera désormais le nom de Napoléon-Vendée.

— Décret portant qu'un monument sera élevé au maréchal Ney, sur le lieu même où il a été fusillé.

— Décret par lequel les départements et les communes qui, par des lois rendues dans les dernières sessions législatives, ont été autorisés à contracter, au taux de 4 1/2 p. 0/0 des emprunts destinés à des travaux d'utilité publique, départementale et communale, sont autorisés à porter le taux de l'intérêt de ces emprunts à 5 p. 0/0.

— Arrêté du Gouvernement provisoire relatif à diverses nominations près les Cours d'appel et les tribunaux de 1re instance.

— Arrêté du ministre de l'intérieur, par lequel M. Caussidière est nommé préfet de police.

— Arrêté du ministre de l'instruction publique invitant les personnes inscrites sur la liste des pensions littéraires à lui faire parvenir directement leurs titres.

20 MARS. — Décret par lequel M. le général Subervie, ministre de la guerre, est nommé chancelier de la Légion d'honneur, en remplacement de M. le maréchal Gérard.

— Décret par lequel M. Arago, ministre de la marine, président de la commission de défense nationale, est chargé par intérim des fonctions de ministre de la guerre.

— Décret qui ordonne la mise en liberté des citoyens Lamothe, Chatain et Drouillet, ouvriers charpentiers, détenus par suite de la grève de 1845.

— Décret portant que, provisoirement, les tribunaux de commerce pourront, sur requête à laquelle sera jointe la copie des assignations, accorder à tout commerçant, par un jugement en dernier ressort, un sursis de trois mois au plus contre les poursuites de ses créanciers. Le sursis pourra être révoqué sur la demande de tout intéressé.

— Arrêté qui proroge jusqu'au 15 avril les délais et facultés accordés par l'arrêté du 8 mars courant pour faire viser, sans amende, les billets à ordre, lettres de change, et autres effets négociables, ainsi que les effets et obligations non négociables et les mandats à terme ou de place en place, faits en contravention aux lois sur le timbre.

Arrêtés relatifs à diverses nominations près les Cours d'appel et les tribunaux de première instance.

— Arrêté du ministre de l'instruction publique qui nomme une commission chargée d'examiner les modifications qu'il convient d'apporter au costume actuel des élèves de l'Ecole normale supérieure, de l'Ecole nationale des chartes et des lycées; d'indiquer l'uniforme que devront porter désormais les élèves de ces établissements et de faire connaître son avis sur les exercices militaires qu'il y aurait lieu d'introduire dans les lycées de la République.

Sont nommés membres de ladite commission : MM. Letronne, membre de l'Institut, directeur de l'Ecole nationale des chartes, président; Dubois, conseiller titulaire de l'Université, directeur de l'Ecole normale supérieure ; David d'Angers, membre de l'Institut; Rinn, conseiller ordinaire de l'Université, proviseur du lycée Descartes; Wartelles, capitaine d'artillerie, à l'Ecole polytechnique ; Serres, membres de l'Institut, docteur en médecine ; Clias, professeur de gymnastique ; Marrast, sous-directeur au lycée Corneille ; Le Mansois-Duprey, rédacteur du *Moniteur universel*, secrétaire.

— Suppression d'une sous-direction et de deux bureaux dans l'organisation des bureaux de la direction générale des cultes.

Les quatre sous-directions dont se composait cette administration sont remplacées par trois divisions entre lesquelles sont réparties toutes les affaires des cultes.

21 MARS. — Arrêté qui autorise le ministre de la guerre à délivrer au général commandant la garde nationale mobile les tuniques, chaussures, chemises et autres effets d'habillement dont il pourra disposer sans nuire au service de l'armée.

Pour le surplus, le général commandant est autorisé à passer des marchés.

— Arrêté portant que, quant à présent, la préfecture de police conservera toutes les attributions qu'elle possédait avant la révolution de février.

— Arrêté par lequel M. Charras, chef de bataillon, commandant le 1er bataillon d'infanterie légère d'Afrique, est nommé au grade de lieutenant-colonel au 9e de ligne.

— Arrêté du ministre des finances qui nomme M. Hippolyte Biesta sous-délégué du Gouvernement provisoire près le comptoir national d'escompte de Paris.

— Arrêté du ministre des finances portant que le montant des arrérages et annuités à percevoir par les établissements tontiniers sera provisoirement versé au Trésor public sous la garantie de l'Etat.

Le capital de ces fonds s'augmentera d'un intérêt cumulé de 5 pour 100 par an.

— Arrêté du ministre des travaux publics portant que les inspecteurs généraux des ponts et chaussées et les inspecteurs généraux de 1re classe des mines, à l'âge de soixante-dix ans accomplis, les inspecteurs divisionnaires des ponts et chaussées, et les inspecteurs généraux de 2e classe des mines, à l'âge de soixante-cinq ans accomplis, cessent d'appartenir au cadre d'activité.

Pourront toutefois être maintenus dans ce cadre, quel que soit leur âge, les inspecteurs généraux vice-présidents des conseils généraux des ponts et chaussées et des mines.

— Arrêté du ministre des travaux publics qui supprime les commissaires royaux près les compagnies des chemins de fer.

La surveillance de l'exploitation commerciale des chemins de fer et des opérations financières des compagnies sera confiée à des agents qui prendront le titre d'*inspecteurs de l'exploitation commerciale.*

Les inspecteurs seront de deux classes : inspecteurs principaux ; inspecteurs particuliers.

Les inspecteurs principaux centralisent les affaires et coordonnent les documents statistiques des arrondissements d'inspection auxquels ils sont attachés.

Les inspecteurs particuliers correspondent avec les inspecteurs principaux, et sont placés sous leur direction.

Le nombre des arrondissements d'inspection est fixé à six.

— Arrêtés relatifs à diverses nominations judiciaires.

— Arrêté du ministre des finances qui supprime les directions générales au ministère des finances ; les chefs des administrations financières reprennent le titre de directeurs.

— Arrêté du ministre des travaux publics qui supprime le poste de commissaire général de la navigation et de l'approvisionnement de Paris.

Le service précédemment centralisé entre les mains du commissaire général, est réparti entre les deux inspecteurs principaux en résidence à Paris.

22 MARS. — Décret par lequel le général de division Eugène Cavaignac, gouverneur général de l'Algérie, est nommé ministre de la guerre.

—Rapport du ministre des finances au Gouvernement provisoire, suivi d'un décret ainsi conçu :

« Il sera établi à Paris, et dans les autres villes où le besoin s'en fera sentir, des magasins généraux où les négociants et les industriels pourront déposer les matières premières, les marchandises, les objets fabriqués dont ils seront propriétaires.

« Ces magasins pourront être établis d'urgence, par les commissaires du Gouvernement, sur la demande des chambres de commerce ou des conseils municipaux.

« Il sera délivré aux déposants des récépissés revêtus : 1° du timbre de la République ; 2° du timbre des magasins où les marchandises auront été déposées.

« Ces récépissés, extraits des registres à souche transférant la propriété des objets déposés, seront transmissibles par voie d'endossement.

« Ils seront passibles d'un droit fixe qui ne pourra dépasser un franc dix centimes.

« Ces magasins seront placés sous la surveillance de l'Etat.

« Les dispositions des lois antérieures ne seront pas applicables en ce qu'elles pourront avoir de contraire au présent décret. »

— Arrêté qui affecte les bâtiments de l'Entrepôt réel des douanes à Paris au dépôt des matières premières des marchandises et objets fabriqués que le commerce et l'industrie voudront placer sous la surveillance de l'Etat, et dont la valeur pourra être mobilisée au moyen de récépissés à ordre transférables par voie d'endossement.

Les droits de magasinage et autres que l'administration de l'entrepôt est autorisée à percevoir, lui seront payés d'après le tarif arrêté par la chambre de commerce de Paris.

— Arrêté portant que toute exploitation de l'ouvrier par voie de marchandage sera punie d'une amende de cinquante à cent francs pour la première fois ; de cent à deux cents francs en cas de récidive ; et, s'il y avait double récidive, d'un emprisonnement qui pourrait aller de un à six mois. Le produit des amendes sera destiné à secourir les invalides du travail.

— Arrêté du ministre des travaux publics qui supprime le service des bâtiments de l'ancienne liste civile.

Il sera pourvu dans le plus court délai à la réorganisation de ce service.

— Arrêté relatif à diverses nominations judiciaires.

— Arrêté qui nomme conseillers d'Etat en service ordinaire MM. Ch. Lesseps, ancien député, et Billard, ancien secrétaire général du ministère de l'intérieur.

23 MARS. — Arrêté par lequel le siége de l'état-major de la garde nationale de Paris et de la banlieue sera transféré aux Tuileries dans les appartements du pavillon Marsan jusqu'au guichet de l'Echelle.

— Décret qui ouvre au ministre des travaux publics, sur les fonds de l'exercice 1848, un crédit de 500,000 francs pour la conservation et l'entretien des édifices ci-après : palais du Louvre et sa galerie, palais des Tuileries et son jardin, Palais-National, écuries du Carrousel, écuries du faubourg du Roule et de la rue Montaigne, palais de l'Elysée, hôtel et magasins de la liste civile, monument religieux de la rue d'Anjou-Saint-Honoré, manufacture des Gobelins, palais de Versailles et de Trianon, leurs parcs et jardins, eaux de Versailles et machine de Marly, eaux de Saint-Cloud et son parc, palais de Meudon, palais de Fontainebleau, palais de Compiègne, palais de Pau, manufacture de porcelaines de Sèvres, manufacture des tapisseries de Beauvais.

— Décret qui ouvre au ministre des travaux publics sur le fonds de l'exercice 1848 un crédit extraordinaire de 250,000 francs pour la construction d'une salle provisoire destinée à l'Assemblée nationale.

— Arrêté portant que les clôtures du parc de Neuilly, sur le bord de la Seine, seront reculées de manière à rétablir le chemin de halage, conformément à l'ordonnance de 1669.

— Arrêtés qui rappellent à l'activité le chef d'escadron Foissy, mis à la retraite par l'ancien gouvernement pour cause d'opinions, et le capitaine de cavalerie Vernon, mis en retraite pour la même cause.

— Arrêté relatif à diverses nominations judiciaires.

24 MARS. — Décret qui abroge le premier paragraphe de l'art. 119 du Code d'instruction criminelle, portant que les cautionnements que doivent fournir les prévenus de délits, lorsqu'ils obtiennent la liberté provisoire, ne peuvent être au-dessous de 500 francs.

— Arrêté portant que provisoirement les pourvois en matière de contributions directes, jusqu'à ce que l'arriéré ait été vidé, seront renvoyés devant la section de législation du conseil d'Etat. Cette section statuera définitivement sur les pourvois.

Toutefois, les pourvois pour lesquels il y aurait constitution d'avocat continueront à être jugés en séance publique ; les avocats des parties entendus, le rapport sera fait par un des membres de la section.

Pourront être également portés en séance publique les pourvois que le président de la section croirait nécessaire d'y renvoyer à raison de la gravité des questions.

Les affaires des cultes seront désormais soumises à l'examen de la section de l'intérieur et de l'instruction publique.

— Décret portant que toutes les dépenses du service des trois manufactures de Sèvres, des Gobelins et de Beauvais, seront réglées, ordonnancées et justifiées par le ministre de l'agriculture et du commerce, à partir du 18 mars courant.

— Décret portant création, par les soins du ministre de l'intérieur et du maire de Paris, d'un corps spécial sous le titre de *Gardiens de Paris.*

Ces gardiens ne seront point armés.

Ils auront pour mission de veiller à la paix publique, à la conservation des établissements nationaux et des propriétés privées. Ils exerceront une protection bienveillante envers toutes les personnes qui en auront besoin, leur caractère devant être, aux yeux du Gouvernement provisoire, une sorte de magistrature populaire.

Ces gardiens seront assez nombreux pour que chacun d'eux puisse veiller à la sûreté de 60 à 100 maisons.

Une taxe spéciale fournira aux frais de création et d'entretien des gardiens de Paris. Cette taxe sera établie de manière à peser seulement sur les propriétaires et les locataires dont le loyer s'élève à plus de 1,000 francs par an.

— Décret par lequel le capitaine Filippi est nommé gouverneur du château d'Amboise.

— Arrêté qui classe la salle du Jeu-de-Paume, à Versailles, parmi les monuments historiques.

— Arrêté qui charge une commission d'enquête d'examiner les plaintes qui se sont élevées sur l'administration des Invalides.

— Arrêté relatif à diverses nominations judiciaires.

25 MARS. — Décret qui suspend le travail dans les prisons.

Les marchés passés avec les entrepreneurs pour le travail des prisonniers seront résiliés immédiatement ; s'il y a lieu à indemnité, le montant en sera payé par l'Etat et réglé, soit de gré à gré entre les parties intéressées, soit par les tribunaux compétents, après rapports d'experts.

La même mesure s'applique aux travaux accomplis par des militaires en activité de service, ou recevant de l'Etat la solde, l'entretien, la nourriture et le logement.

A l'avenir, les travaux exécutés soit dans les prisons, soit dans les établissements de charité ou dans les communautés religieuses, seront réglés de manière à ne pouvoir créer pour l'industrie libre aucune concurrence fâcheuse.

— Décret par lequel, provisoirement, les art. 178 et 179 du Code de commerce sont modifiés de la manière suivante :

« Art. 178. La retraite comprend, avec le bordereau détaillé et signé du tireur seulement, et transcrit au dos du titre :

« 1° Le principal du titre protesté ;

« 2° Les frais de protêt et de dénonciation, s'il y a lieu ;

« 3° Les intérêts de retard ;

« 4° La perte de change ;

« 5° Le timbre de la retraite, qui sera soumise au droit fixe de 35 centimes.

« Art. 179. Le rechange se règle, pour la France continentale, uniformément comme suit :

« 1/4 pour 100 sur les chefs-lieux de département ;

« 1/2 pour 100 sur les chefs-lieux d'arrondissement ;

« 3/4 pour 100 sur toute autre place.

« En aucun cas, il n'y aura lieu à rechange dans le même département.

« Les changes étrangers et ceux relatifs aux possessions françaises en dehors du continent seront régis par les usages du commerce.

« Art. 180. L'exécution des art. 180, 181, 186 du Code de commerce et de toute autre disposition de lois est suspendue. »

— Décret portant que les suspensions provisoirement prononcées contre des magistrats par les commissaires extraordinaires du Gouvernement, sont approuvées. Elles dureront jusqu'à ce que le ministre de la justice, spécialement délégué à cet effet, en ordonne autrement.

Des arrêtés individuels seront transmis par le ministre à chacun des magistrats suspendus.

Depuis le jour où la suspension a été prononcée jusqu'au jour où elle pourrait cesser, le traitement des magistrats suspendus cesse et appartient au trésor national.

— Décret qui exempte des droits de timbre et d'enregistrement les marchés passés ou à passer par la ville de Paris pour l'achat de drap et la confection d'uniformes ou tous autres marchés ayant pour but le même objet.

— Décret qui révoque l'affectation donnée au Temple et remet l'Etat en possession du bâtiment et de toutes les appartenances.

Une commission sera nommée pour indemniser la communauté actuellement en possession des travaux et constructions qui ont pu être faits dans l'intérieur de ce domaine.

— Rapport du ministre des finances, suivi d'un décret portant que dans les villes où un comptoir d'escompte existera, il pourra être établi, soit par localité, soit par agrégations d'industries, des sous-comptoirs de garantie destinés à servir d'intermédiaire entre l'industrie, le commerce et l'agriculture, d'une part, et les comptoirs nationaux d'escompte, de l'autre.

Le même décret règle l'organisation de ces sous-comptoirs, au moyen de sociétés anonymes, dont le fonds social ne pourra être moindre de 100,000 fr., divisé en actions au porteur de 100 fr. chacune. Ils seront autorisés à fonctionner, quel que soit le nombre les actions souscrites.

— Arrêté du ministre de l'intérieur qui nomme une commission composée de huit membres pour examiner les modifications à faire subir à la législation vicinale, en ce qui touche les ressources indiquées pour l'amélioration des chemins vicinaux.

— Arrêté du maire de Paris portant que, sous aucun prétexte, les églises ne pourront être détournées de leur destination.

— Circulaire du ministre des finances aux commissaires du Gouvernement dans les départements, pour les inviter à activer la formation du comptoir d'escompte.

26 MARS. — Décret portant que les billets des banques de Lyon, Rouen, Bordeaux, Nantes, Lille, Marseille, Le Havre, Toulouse et Orléans, seront reçus comme monnaie légale par les caisses publiques et par les particuliers dans la circonscription du département où chacun de ces établissements a son siége.

Jusqu'à nouvel ordre, les mêmes banques sont dispensées de l'obligation de rembourser leurs billets avec des espèces.

En aucun cas, le chiffre des émissions de chacune de ces banques ne pourra dépasser les limites ci-dessous fixées :

Pour la banque de Lyon, 20 millions de francs ;
Pour la banque de Rouen, 15 millions ;
Pour la banque de Bordeaux, 22 millions ;
Pour la banque de Nantes, 6 millions ;
Pour la banque de Lille, 5 millions ;
Pour la banque de Marseille, 20 millions ;
Pour la banque du Havre, 6 millions ;
Pour la banque de Toulouse, 5 millions ;
Pour la banque d'Orléans, 3 millions.

Pour faciliter la circulation, les banques départementales sont autorisées à émettre des coupures de 100 fr.

— Nominations près les Cours d'appel et les tribunaux de première instance.

— Rapport du président de la commission des études scientifiques et littéraires, suivi d'un arrêté du ministre de l'instruction publique qui nomme une commission d'enquête sur la durée du travail dans les lycées et les autres établissements d'instruction publique.

— Circulaire du ministre de l'agriculture et du commerce adressée aux chambres de commerce et aux chambres consultatives des arts et manufactures.

Le ministre, faisant appel à leur dévouement, les invite à hâter l'établissement des comptoirs d'escompte et leur donne à ce sujet les instructions nécessaires.

—Commission instituée par le ministre des travaux publics chargée:

1° De rechercher quels sont les travaux agricoles qui, par leur importance, mériteraient d'entrer dans le cadre des travaux d'utilité publique;

2° De poser le programme de la création d'un certain nombre de services spéciaux ;

3° D'étudier comment le principe de l'association posé par la loi de 1807, pourrait être développé et étendu à ce nouvel ordre de travaux.

— Décret relatif aux gouverneurs des anciens châteaux royaux, devenus domaines de l'Etat.

27 MARS. —Décret qui ajourne les élections générales des représentants du peuple au dimanche 23 avril et la réunion de l'Assemblée nationale au 4 mai prochain.

— Décret qui supprime la commission de surveillance de la caisse d'amortissement et de la caisse des dépôts et consignations.

Le ministre des finances aura dans ses attributions la surveillance de ces deux établissements.

— Arrêté du ministre des travaux publics ayant pour objet une réduction du personnel et une nouvelle répartition des fonctions dans le service des ponts et chaussées et des mines.

— Arrêté relatif à diverses nominations près les Cours d'appel et les tribunaux de première instance.

28 MARS. — Arrêté portant qu'une première publication des listes électorales aura lieu le 15 avril ; les rectifications, additions, etc., se feront dans les mairies du 15 au 20.

La clôture des listes aura lieu le 20, à minuit.

— Décret qui rapporte provisoirement toutes les mesures prises par les commissaires du Gouvernement provisoire, en matière de législation commerciale ou de finances.

A l'avenir, toutes les mesures financières ou commerciales des mêmes autorités sont soumises à l'assentiment préalable du pouvoir central.

— Rapport du ministre de l'intérieur au Gouvernement provisoire, suivi d'un décret qui autorise la ville de Lyon et le département du Rhône à s'imposer une contribution extraordinaire de 55 centimes, sur le montant des quatre contributions directes.

— Décret portant que les tribunanx civils sont incompétents pour connaître des diffamations, injures ou autres attaques dirigées par la voie de la presse ou par tout autre moyen de publication contre les fonctionnaires ou contre tout citoyen revêtu d'un caractère public, à raison de leurs fonctions ou de leur qualité.

— Arrêté portant que les nominations faites par les volontaires de la garde nationale mobile en faveur des militaires de l'armée en activité de service, pourront être maintenues.

— Par arrêté du ministre de l'instruction publique, un concours est ouvert pour la composition des chants nationaux destinés à être exécutés dans les fêtes publiques.

Les poëtes et les musiciens sont invités à s'associer pour ces compositions, qui devront réunir les paroles et la musique.

Des médailles de bronze, décernées au nom de la République, et l'honneur de l'exécution dans les fêtes nationales, sont les seules récompenses offertes aux concurrents.

Les compositions devront être adressées au ministère de l'instruction publique, avant le 20 avril prochain.

29 MARS. — Arrêté portant que les bois et les forêts qui faisaient partie des biens de l'ancienne liste civile seront remis immédiatement à l'administration des forêts de l'Etat, pour être régis et administrés dans les mêmes formes et d'après les lois ou règlements qui concernent les autres forêts nationales.

30 MARS. — Décret qui annulle les ordonnances qui ont paru au *Moniteur* les 22, 23 et 24 février.

— Décret qui proroge de quinze jours le délai de quinze jours accordé aux porteurs d'effets de commerce.

— Décret portant que la prorogation de six mois à laquelle sont soumis les remboursements des bons du trésor créés antérieurement au 24 février 1848, et non convertis encore en rentes 5 p. 100, est applicable aux endosseurs de ces bons, et que par conséquent les droits des détenteurs contre les endosseurs ne peuvent s'exercer pendant la durée de ladite prorogation.

— Arrêté portant que le préfet de police administrera et réglera, sous l'autorité du ministre de l'intérieur, les dépenses municipales de son administration.

— Arrêté qui autorise provisoirement le ministre de la justice à accorder la naturalisation à tous les étrangers qui la demanderont et qui justifieront par actes officiels ou authentiques qu'ils résident en France depuis cinq ans au moins, et qui en outre produiront, à l'appui de leur demande, l'attestation par le maire de Paris ou le préfet de police, pour le département de la Seine, et par les commissaires du gouvernement pour les autres départements, qu'ils sont dignes, sous tous les rapports, d'être admis à jouir des droits de citoyen français.

— Arrêté qui charge les professeurs du Conservatoire national des arts et métiers, réunis en commission, d'arrêter les bases d'un système général pour l'enseignement des sciences appliquées aux arts industriels.

Les cours du Conservatoire formeront le degré supérieur de cet enseignement.

31 MARS. — Proclamation du Gouvernement provisoire relative aux dons patriotiques.

— Arrêté qui institue une commission pour recevoir et organiser les dons volontaires et patriotiques offerts à la patrie.

— Arrêté du ministre de l'agriculture et du commerce qui établit un conseil supérieur de perfectionnement des manufactures nationales des Gobelins, Beauvais et Sèvres.

1er AVRIL. — Décret relatif aux engagements volontaires.

— Décret relatif à la suppression des exercices dans les débits de boissons.

— Arrêté relatif aux pertes et dommages éprouvés par les habitants de Paris et des communes limitrophes pendant les journées de février.

2 AVRIL. — Arrêté du ministre des finances par lequel M. Aimé Dartigues est spécialement chargé de l'organisation des comptoirs nationaux d'escompte dans les départements.

3 AVRIL. — Arrêté du ministre de la marine qui nomme une commission pour rechercher les fraudes qui pourraient être commises, tant sous le rapport de la quantité que sous celui de la qualité dans la composition de la ration des équipages des bâtiments de la République.

— Arrêté du ministre de l'intérieur, qui nomme quatre inspecteurs attachés à la direction des musées nationaux.

4 AVRIL. — Arrêté du ministre de la marine, en date du 2, portant que le titre d'élève de marine est remplacé par l'appellation républicaine d'*aspirant de marine*.

Les volontaires de la marine prendront désormais le titre d'*aspirants-auxiliaires de la marine*.

5 AVRIL. — Décret portant que les contribuables qui seraient hors d'état de supporter la contribution extraordinaire de 45 centimes, décrétée le 16 mars dernier, en seront dégrevés dans une équitable mesure.

— Décret qui, à compter du 1er avril jusqu'au 31 décembre 1848, assujettit à une retenue proportionnelle tous traitements et pensions payés sur les fonds du budget de l'État.

— Arrêté du ministre de l'instruction publique, qui nomme M. Henri Martin, titulaire de la chaire d'histoire moderne à la Faculté des lettres de l'Académie de Paris, chaire précédemment occupée par M. Guizot.

— Arrêté du ministre des finances, qui réunit la direction des tabacs à la direction des contributions indirectes.

— Arrêté du ministre de l'intérieur, qui nomme M. Charles Blanc directeur des Beaux-Arts.

6 AVRIL.—Décret qui affecte spécialement à la commission des récompenses nationales le montant des inscriptions en faveur des blessés de février.

— Arrêté du ministre de l'intérieur qui partage en trois divisions distinctes la direction des beaux-arts.

7 AVRIL. — Décret qui institue diverses chaires au Collége de France.—Nomination à ces chaires.

8 AVRIL. — Arrêté qui modifie le tarif relatif aux émoluments des greffiers et des huissiers près le tribunal de commerce.

— Arrêté du ministre des affaires étrangères, relatif à diverses nominations diplomatiques.

10 AVRIL.—Circulaire du maire de Paris, aux maires des douze arrondissements, au sujet des locataires qui exigent quittance d'un loyer non payé.

— Arrêté du ministre des travaux publics, qui supprime la division formée sous le titre de division des cours d'eau, usines, dessé- chements, irrigations et services divers.

11 AVRIL. — Arrêté relatif aux peintures murales du Panthéon.

12 AVRIL.—Décret qui abolit la peine de l'exposition publique.

— Arrêté par lequel le ministre de la guerre réduit à un seul aide de camp le nombre de ceux attribués aux maréchaux de France non pourvus de commandements.

— Arrêté du ministre des travaux publics, relatif à la présidence du conseil général des bâtiments civils.

13 AVRIL. — Décret qui supprime la 2e section de l'état-major général des armées de terre et de mer.

15 AVRIL. — Arrêté portant que les bois et forêts qui dépen- daient du domaine de l'ex-roi Louis-Philippe seront régis et admi- nistrés par l'administration des forêts.

16 AVRIL. — Arrêté qui abolit l'impôt du sel.

17 AVRIL. — Décret portant que la suspension ou la révocation des magistrats peut être prononcée par le ministre de la justice.

— Décret qui suspend de leurs fonctions le premier président et plusieurs conseillers de la Cour des comptes.

— Décret qui admet à faire valoir leurs droits à la retraite 38 gé- néraux de division et 27 généraux de brigade.

18 AVRIL.—Décret qui supprime les droits d'octroi sur la viande de boucherie.

— Décret relatif à la réhabilitation des condamnés.

— Décret qui supprime le service extraordinaire du conseil d'Etat.

— Décret qui admet à exercer les droits électoraux les faillis dé- clarés excusables.

19 AVRIL. — Arrêté relatif aux demandes de naturalisation.

—. Décret portant que les rassemblements d'Allemands dans les départements de l'Est seront dissous.

— Décret portant qu'amnistie est accordée à tous sous-officiers, brigadiers, caporaux et soldats des troupes de terre qui sont en état de désertion ou d'insoumission.

— Décret qui établit un impôt sur les créances hypothécaires, pour l'année 1848.

21. AVRIL. — Nominations judiciaires.

22 AVRIL. — Décret portant qu'une commission sera chargée de présenter un rapport sur les questions relatives au cumul des fonctions publiques salariées.

— Décret portant que l'art. 14 de la loi du 21 mars 1832, sur le recrutement de l'armée, est applicable aux élèves du Collége de France.

— Nominations judiciaires.

— Arrêté du ministre du commerce qui établit et modifie ainsi qu'il suit les droits d'entrée du sagou :

Par navires français
- de l'Inde. . . . . . 10 f.
- d'ailleurs, hors d'Europe. 20
- des entrepôts. 30

Par navires étrangers. 40

les 100 kil.

23 AVRIL. — Décret portant qu'au titre de commissaire du Gouvernement près le tribunal de..... sera substitué le titre de *procureur de la République*.

— Arrêté du ministre des finances portant que l'entrepôt réel des douanes à Nantes et ses annexes, pourront continuer à recevoir les marchandises déposées en exécution des décrets et arrêtés rappelés par cet arrêté.

— Décision du ministre de l'instruction publique et des cultes, portant que la liste des indemnités scientifiques et littéraires sera immédiatement révisée ; à l'avenir, les indemnités fixes seront converties en indemnités annuelles et éventuelles ; aucune indemnité annuelle ne s'élèvera au-dessus de la somme de 2,400 fr. (soit 200 fr. par mois); les noms et les titres des personnes qui auront été conservées sur la liste des indemnités annuelles seront, sous un bref délai, publiés au *Moniteur*.

— Arrêté du maire de Paris, portant que le recensement général des votes pour la nomination des représentants du peuple dans le département de la Seine, aura lieu, le 28 avril, à l'Hôtel de Ville de Paris.

24 AVRIL. — Décret portant qu'à dater du 1er mai 1848, la volaille, le gibier, la marée, le poisson d'eau douce et le beurre paieront un droit d'octroi fixe, au poids, à l'entrée en ville, conformément au tarif annexé au décret.

— Décret portant que la taxe de caisse de Poissy et celle d'abatage sur les bestiaux livrés vivants à la consommation de Paris seront, à l'avenir, perçues par tête, conformément au tarif annexé au décret ; les taxes seront acquittées à l'introduction dans Paris ; les lois et règlements en matière d'octroi sont applicables à la perception desdites taxes ; la taxe d'abatage sur les porcs ne sera perçue que lors de l'ouverture des nouveaux abattoirs en construction.

— Décret qui supprime les droits d'octroi sur la viande fraîche de porc et sur la charcuterie.

— Décret qui ouvre au ministre des travaux publics, sur l'exercice 1848, un crédit de deux millions pour la continuation des travaux du chemin de fer de Paris à la frontière d'Allemagne, entre Hommarting et Strasbourg.

— Décret portant que les gardes nationaux mobiles de la ville de Rouen seront incorporés dans les différents bataillons de la garde nationale mobile de Paris ; le corps des Lyonnais sera réuni aux 1500 hommes d'infanterie de la garde républicaine de Paris ; il ne sera plus fait d'enrôlements pour la garde nationale mobile dans les mairies de Paris.

— Décret portant que la garde républicaine de l'Hôtel de Ville forme un bataillon spécial.

— Décret qui règle l'uniforme des élèves de l'Ecole normale supérieure, des lycées, des institutions et pensions ; les exercices gymnastiques introduits dans les colléges sont maintenus ; toutefois, ils n'auront lieu qu'une fois par semaine, et les élèves n'y seront admis qu'avec l'autorisation du médecin ; les élèves de toutes les classes feront, deux fois par semaine, l'exercice du soldat sans armes et du pas gymnastique ; les élèves âgés de 16 ans, seront exercés au maniement du fusil, à moins que le médecin de l'établissement ne les trouve trop faibles de constitution ; les élèves des lycées seront à l'avenir organisés par compagnies, ayant un sergent-major, un sergent-fourrier, par cour, et un sergent et deux caporaux par compagnie ; les élèves investis de ces grades n'auront, en dehors des exercices, aucune action sur leurs camarades, les grades ne leur étant conférés que pour faciliter la bonne exécution de ces exercices.

— Arrêté du ministre des finances relatif au dépôt de marchandises dans différentes villes.

— Décret qui étend à tous les officiers mariniers et matelots, ainsi qu'aux sous-officiers, caporaux et soldats des troupes de la marine qui sont en état de désertion, les dispositions du décret du 19 avril 1848, portant amnistie en faveur des déserteurs de l'armée de terre.

25 AVRIL. — Rapport du ministre des finances au Gouvernement provisoire sur l'établissement d'un bilan général à sanctionner par l'Assemblée nationale comme point de départ financier de la République.

— Décret portant qu'il sera établi par les soins du ministre des finances, pour être soumis ultérieurement à la sanction de l'Assemblée nationale, un bilan général de l'actif et du passif formant le point de départ financier de la République française. Tous les termes de ce bilan général seront arrêtés à la date du 24 février dernier.

— Décret qui nomme M. Pons, conseiller d'Etat en service ordinaire, en remplacement de M. Janzé, démissionnaire.

— Arrêté du ministre de l'intérieur portant que :

« Les souscriptions aux ouvrages de littérature, d'art, etc., sont « attribuées à la direction de la librairie et des théâtres.

« Il sera créé près la direction de la librairie un jury d'examen « qui désignera au ministre, parmi les ouvrages proposés par les « éditeurs et auteurs, ceux auxquels il sera utile de souscrire dans « la limite du crédit affecté aux souscriptions.

« Ce jury sera composé ainsi qu'il suit :

« Le directeur de la librairie, président ; deux artistes peintres, « sculpteurs, etc., et deux hommes de lettres nommés par le mi-« nistre ; deux artistes et deux hommes de lettres choisis par les ar-« tistes et les hommes de lettres ;

« Les fonctions des membres du jury seront purement gratuites.

« Le jury sera renouvelé tous les ans.

« Le directeur de la librairie pourra se faire remplacer par le chef « du bureau de la librairie. »

— Nominations judiciaires.

— Arrêté du ministre de l'agriculture et du commerce portant que :

« Une commission est instituée, qui, sous la présidence du mi-« nistre de l'agriculture et du commerce, étudiera toutes les ques-« tions qui se rattachent : 1° à la production et à l'élève du cheval ; « 2° à la manière dont fonctionnent les diverses institutions hippi-« ques actuellement existantes ; 3° aux meilleurs modes d'interven-« tion directe ou indirecte à mettre en pratique, en vue de hâter « l'émancipation de l'industrie particulière, le seul but que l'on « doive se hâter d'atteindre.

« Sont nommés membres de cette commission : MM. Devaux, Ba-« rillier, Fouquier d'Hérouel, Eugène Barbier, Camille Beauvais, « de Mæflet, de Croix, d'Hédouville, de Saint-Vallier, Auguste « Lupin, Yvart, Renault, Prince, Bouley jeune, d'Aure, de Lan-« cosme-Brèves, Person, Geoffroy-Villeneuve, Delacour, de Sour-« deval, de Turenne, de Blanpré, Lherbette, Luneau, Havin, Fould, « Perrot de Thamberg, Gayot.

« Quatre membres, choisis parmi des officiers de cavalerie, seront « désignés par M. le ministre de la guerre.

« La commission élira, à son gré, un ou plusieurs vice-prési-« dents, un ou plusieurs secrétaires : M. de Baylen, chef du bureau « des haras, assistera aux séances en qualité de vice-secrétaire.

« La commission entrera en séance le 6 mai prochain, et devra, « dans un bref délai, indiquer la solution des questions soumises à « son examen. »

26 AVRIL. — Décret portant qu'il est ouvert, sur l'exercice 1848, « au ministre des travaux publics, un crédit extraordinaire de

« 29,000 fr., pour être employé au paiement des travaux à exécuter
« à la colonne de Juillet, pour la sépulture définitive des citoyens
« morts en combattant pour la République, les 23 et 24 février 1848.
    La régularisation de ce crédit extraordinaire sera proposée à l'As-
« semblée nationale.
    — Décret portant que :
    « Les propriétaires d'immeubles grevés des hypothèques et pri-
« viléges spécifiés en l'article 1er du décret du 19 avril 1848, qui
« auraient négligé de faire les déclarations prescrites par l'art. 2 du
« même décret, pourront être poursuivis directement pour le paie-
« ment de la contribution, sauf leur recouvrement contre les cré-
« anciers.
    « En cas de non-paiement par les créanciers, le privilége attribué
« au trésor public, en matière de contributions directes, s'exercera
« avant tout autre sur les sommes dues par le propriétaire de l'im-
« meuble grevé.
    « La contribution concernant des étrangers n'ayant point de do-
« micile en France sera comprise dans des rôles rendus exécutoires
« contre les propriétaires débiteurs, et recouvrés sur ceux-ci à titre
« d'avance.
    « Les propriétaires débiteurs, avant de se libérer envers leurs
« créanciers, seront tenus de se faire représenter la quittance de la
« contribution établie par le décret du 19 avril, sous peine d'en de-
« meurer personnellement responsables. »
    — Décret qui nomme le colonel Camon, général de brigade, en
remplacement du général Husson admis à la retraite.

    27 AVRIL. — Arrêté du ministre de l'intérieur qui porte qu'une
commission de trois artistes, de trois amateurs, d'un rentoileur et
d'un restaurateur, sera nommée par le directeur des beaux-arts et
le directeur des musées nationaux, pour surveiller, conjointement
avec le conservateur de la peinture, la restauration des tableaux.
La restauration des tableaux sera mise au concours d'après le mode
indiqué au susdit rapport.
    — Décret qui abolit entièrement l'esclavage dans toutes les colo-
nies et possessions françaises.
    — Nominations à divers emplois judiciaires.
    — Décret portant ce qui suit :
    Art. 1er. La banque de France et les banques de Rouen, de Lyon,
du Havre, de Lille, de Toulouse, d'Orléans, de Marseille, sont
réunies.
    Art. 2. Les banques départementales énumérées à l'article pré-
cédent, continueront à fonctionner comme comptoirs de la banque
de France, conformément aux règles déterminées par le décret
du 18 mai 1808 et par l'ordonnance du 25 mars 1841.
    Le nombre actuel des administrateurs de ces banques départe-
mentales est maintenu, ainsi que les conseils d'escompte organisés
pour le service de quelques-unes d'entre elles.

Le nombre d'actions dont la possession est actuellement exigée en garantie de la gestion des directeurs, censeurs, administrateurs et membres des conseils d'escompte de ces banques départementales, est provisoirement maintenu.

Art. 3. Les actions de ces banques sont annulées; les actionnaires recevront, en échange, des actions de la banque de France, valeur nominale de 1,000 fr. contre valeur nominale de 1,000 fr.

Art. 4. Pour l'exécution de l'article précédent, la banque de France est autorisée à émettre 17,200 actions nouvelles, ce qui portera son capital à 85,100 actions de 1,000 fr. chacune.

Art. 5. Par la cession de ces nouvelles actions aux actionnaires des banques de Rouen, de Lyon, du Havre, de Lille, de Toulouse, d'Orléans, de Marseille, la banque de France devient propriétaire de l'actif de ces banques et sera chargée de leur passif.

Les fonds de réserve existant dans chacune de ces banques seront ajoutés aux fonds de réserve de la banque de France.

La réunion des propriétés mobilières et immobilières résultant du présent article sera soumise au droit fixe d'enregistrement concernant les actes de société.

Art. 6. La banque de France est autorisée à ajouter au maximum de circulation fixé par le décret du 15 mars dernier, le maximum de circulation fixé pour chacune de ces banques départementales par le décret du 25 du même mois.

A partir de la promulgation du présent décret, les billets émis par les banques incorporées à la banque de France seront reçus dans toute l'étendue de la République comme monnaie légale par les caisses publiques et par les particuliers.

Dans les six mois qui suivront, les porteurs desdits billets seront tenus de les présenter à la banque de France ou à ses comptoirs, pour les échanger contre des billets de comptoir.

Passé ce délai, ces billets cesseront d'avoir cours de monnaie légale, sans toutefois que la banque de France et ses comptoirs soient affranchis de l'obligation de les échanger.

Art. 7. Les inspecteurs des finances, sur l'ordre du ministre des finances, pourront vérifier la situation des comptoirs.

Art. 8. A l'avenir, les comptoirs de la banque de France porteront la dénomination suivante : *Banque de France. — Succursale de...*

— Décret relatif aux vieillards et infirmes dans les colonies où l'esclavage est aboli.

— Décret qui fonde, dans les colonies où l'esclavage est aboli, une école élémentaire gratuite pour les filles, et une autre école pour les garçons.

— Décret qui établit des jurys cantonaux dans les colonies où l'esclavage est aboli.

— Décret qui établit des ateliers nationaux de travail dans les colonies.

— Décret relatif à la répression de la mendicité et du vagabondage dans les colonies où l'esclavage est aboli.

— Décret qui établit des caisses d'épargne aux colonies.

— Décret portant qu'il sera pourvu à une nouvelle répartition de l'impôt personnel, après l'émancipation dans les colonies.

— Décret portant que, chaque année, il sera célébré une fête du travail aux colonies.

— Décret portant que les dispositions des titres XVIII et XIX du livre 3 du Code civil, concernant les hypothèques et l'expropriation forcée, seront exécutoires aux colonies.

—Instruction du Gouvernement provisoire pour les élections dans les colonies, en exécution du décret du 5 mars 1848.

— Décret qui supprime les conseils coloniaux et les fonctions de délégués des colonies.

— Décret portant que les commissaires généraux de la République dans les colonies sont autorisés à statuer par arrêtés sur les matières énumérées dans l'art. 3, paragraphes 2, 3, 4 et 8, et dans les art. 4, 5 et 6 de la loi du 24 avril 1833.

— Décret portant que l'administration des domaines prendra possession de tous les biens meubles et immeubles qui composaient l'ancienne dotation de la couronne.

28 AVRIL. — Décret portant que le nombre des divisions militaires est réduit à dix-sept. Le nombre des subdivisions militaires mis en rapport avec les circonscriptions territoriales des divisions est fixé à quarante-trois.

— Arrêté du ministre de l'instruction publique et des cultes qui contient les dispositions suivantes :

Art. 1er. Les salles d'asile, improprement qualifiées établissements charitables par l'ordonnance du 22 décembre 1837, sont des établissements d'instruction publique. Ces établissements porteront désormais le nom d'*Écoles maternelles*.

Art. 2. Il est institué, près l'Académie de Paris, une École maternelle normale, pour l'instruction des fonctionnaires des Écoles maternelles, en remplacement de la maison provisoire établie à Paris, rue Neuve-Saint-Paul.

Art. 3. Cette école recevra des élèves âgées de vingt ans au moins, et de quarante ans au plus.

Art. 4. Il s'y fera tous les ans des cours d'étude, chacun de quatre mois, y compris les examens.

Art. 5. Ces études auront pour objet de compléter l'instruction élémentaire des élèves, et principalement de leur apprendre à diriger les Écoles maternelles dans l'esprit de la République.

Art. 6. Dans ce but, une École maternelle sera annexée à l'École normale, et les élèves seront admises à s'y exercer sous la surveillance de la directrice. Les élèves compléteront leur éducation en assistant aux exercices de l'école maternelle modèle de Paris.

Art. 7. Les fonctionnaires de l'École maternelle normale seront :

1° Une directrice des études, chargée spécialement des exercices relatifs à la direction des Écoles maternelles ;

2° Une maîtresse d'instruction scolaire ;
3° Une maîtresse de musique ;
4° Une maîtresse de dessin ;
5° Une économe.

Art. 8. Il sera admis à l'Ecole maternelle normale des pensionnaires, suivant les conditions qui seront ultérieurement déterminées.

Art. 9. Un programme spécial déterminera le règlement de l'école.

29 AVRIL. — Décret qui nomme le général Changarnier gouverneur général de l'Algérie.

— Arrêté du ministre de la justice relatif aux deux salles dans lesquelles les commissaires-priseurs procèdent aux ventes publiques, place de la Bourse et rue des Jeûneurs.

30 AVRIL. — Décret qui organise le service de santé dans la garde nationale du département de la Seine.

— Nominations judiciaires.

— Décret relatif à la constitution provisoire de l'Assemblée nationale, à la vérification des pouvoirs et à la constitution définitive.

— Décret qui détermine le costume des représentants du peuple.

2 MAI. — Décret qui abolit la censure des journaux et autres écrits aux colonies.

— Décret portant que la banque de France et les banques de Nantes et de Bordeaux sont réunies.

— Décret portant que le soin de distribuer les récompenses nationales est désormais confié à la mairie de Paris.

— Décret portant que les sous-officiers, officiers et officiers supérieurs de la garde républicaine auront dans l'armée le grade qui leur a été conféré par le ministre de l'intérieur, sur la présentation du préfet de police.

— Décret qui modifie l'organisation de la Cour des comptes.

— Nominations judiciaires.

— Décret portant que toutes les autorisations de défrichement de bois appartenant aux particuliers, aux communes ou aux établissements publics, ne seront accordées qu'à la condition de payer une taxe.

— Décret relatif aux fonctionnaires et employés qui, du 25 février au 25 juillet 1848, auront été réformés pour cause de suppression d'emploi, de réorganisation, ou par toute autre mesure administrative qui n'aurait pas le caractère de révocation ou de destitution.

— Décret portant que les taxations des employés de tous grades et les remises des entreposeurs de tabacs et de poudres à feu cesseront d'être allouées.

— Décret relatif au prix de vente du tabac ordinaire, en poudre et à fumer.

3 MAI. — Proclamation du Gouvernement provisoire au sujet de l'ouverture de l'Assemblée nationale.

— Décret qui approuve le projet de prolongation de la rue Rivoli, depuis la place de l'Oratoire jusqu'à la rue Saint-Antoine.

— Décret relatif aux monnaies d'or, d'argent et de cuivre.

— Décret qui ouvre un concours pour la gravure des coins des monnaies d'or, d'argent et de cuivre.

— Décret portant que les anciennes monnaies de cuivre, de bronze et de métal de cloche seront retirées de la circulation et démonétisées.

— Décret relatif aux commissaires du Gouvernement, aux rapporteurs et aux greffiers près les conseils de guerre, aux commissaires du gouvernement et aux greffiers près les conseils de révision.

— Décret qui fixe le cadre d'activité des officiers généraux et de l'état-major.

— Décret qui ouvre au ministre de la guerre un crédit de 1,850,000 fr. pour l'inscription au trésor public des pensions militaires à liquider dans le courant de l'année 1848.

— Décret qui ouvre au ministre de la guerre, sur l'exercice 1848, un crédit extraordinaire de quatre-vingts millions cent dix-neuf mille quatre cent dix-neuf francs, pour subvenir à des dépenses urgentes et imprévues.

— Décret qui ouvre au ministre de l'agriculture et du commerce des crédits supplémentaires montant à cent soixante-cinq mille francs.

— Décret qui ouvre au ministre des travaux publics un crédit de seize mille quatre cent vingt et un francs cinquante-sept centimes.

— Décret portant que l'importation des cotons en laine pourra, jusqu'à nouvel ordre, avoir lieu par les frontières de terre. Le droit à percevoir sera de 30 fr. par 100 kilogrammes.

— Décret portant que la taxe de la caisse de Poissy, déterminée par le décret du 24 avril 1848, sera remplacée par un droit de commission par tête.

— Décret relatif aux attributions du conseil d'amirauté.

— Décret qui rétablit le grade de capitaine de frégate et supprime le grade de capitaine de corvette.

— Décret qui organise le corps des officiers de santé militaires.

— Décret portant que la loi du 21 mars 1832, sur le recrutement de l'armée, est appliquée aux colonies.

— Décret qui autorise la ville de Rouen à emprunter une somme de trois cent mille francs, remboursable en un an.

— Décret qui autorise la ville de Lyon à emprunter une somme de quinze cent mille francs.

— Nominations judiciaires.

— Arrêté du ministre des travaux publics par lequel est rapportée la disposition de l'ordonnance du 5 février 1848, qui change en un grade définitif le titre temporaire d'ingénieur en chef directeur des ponts et chaussées.

Imp. de COSSE et DUMAINE, r. Christine. 2.

www.ingramcontent.com/pod-product-compliance
Lightning Source LLC
Chambersburg PA
CBHW061648050726
47598CB00004B/1507